2025 에듀윌 사회통합프로그램
사전평가 무료강의 + 모의시험
2주완성

DAY 1 테스트

본책에서 학습한 '쇼핑'에 대한 어휘를 떠올리면서 문제를 풀어 보세요.

01 다음 문장의 빈칸에 적절한 단어를 알맞은 형태로 넣으십시오.

구매 영수증 할인 무료

① 물건에 하자가 있어서 반품을 원할 때는 (   )이/가 필요해요.
② 마트에서 (   )한 상품을 장바구니에 담아 오는 편이에요.
③ 마트 폐점 시간 직전에 가면 같은 물건을 (   )받아서 살 수 있어요.
④ 이 쿠폰을 가져가면 디저트를 (   )로 받을 수 있어요.

고르다 배송하다 수리하다 저렴하다

⑤ 핸드폰이 고장 나서 (   ) 위해 서비스 센터에 방문했어요.
⑥ 요즘은 어디서 물건을 구매해도 다음날 (   ) 주는 편이에요.
⑦ 물건을 사기 전에 가격을 비교해 보고 더 (   ) 곳을 알아보는 게 현명해요.
⑧ 두 상품 다 마음에 들어서 (   ) 힘들어요.

02 다음 내용 중 알맞은 것을 고르십시오.

① 그 점원은 (고객 / 가게)에게 친절하게 대해요.
② 어제 구입한 옷에 실밥이 풀린 (할인 / 불량)이 있어서 가게에 다시 가려고요.
③ 물건을 사고 (결제 / 환불)하기 전에 지갑을 꺼내요.
④ 환경 보호를 위해 쇼핑갈 때는 (영수증 / 장바구니)를 챙겨 가면 좋아요.

03 다음 밑줄 친 단어의 반대말로 알맞은 것을 고르십시오.

① 물건을 사고 나왔는데 옆 가게보다 더 비싸길래 속상했어요. (판매하다 / 저렴하다)
② 취업한 기념으로 마음에 드는 옷을 새로 샀어요. (팔다 / 쌓다)
③ 신규 개업 이벤트로 고객들께 무료로 쿠키를 드리고 있어요. (할인 / 유료)
④ 쇼핑을 마치고 장바구니를 들었는데 제법 무거웠어요. (내려놓다 / 가지다)

정답

01 ① 영수증 ② 구매 ③ 할인 ④ 무료 ⑤ 수리하기 ⑥ 배송해 ⑦ 저렴한 ⑧ 고르기
02 ① 고객 ② 불량 ③ 결제 ④ 장바구니
03 ① 저렴하다 ② 팔다 ③ 유료 ④ 내려놓다

DAY 1 | 쇼핑에 대한 어휘 살펴보기

어휘 알아보기

더 알아 두면 좋을 어휘들과 함께 학습하세요.

어휘	활용 표현	예문
가게(store)	가게를 열다	며칠 전 옷가게에서 청바지를 한 벌 구입했다.
결제(payment)	결제를 하다	물건을 구입할 때 신용 카드로 결제를 한다.
계산(pay)	계산 금액	계산은 카운터에서 하면 돼요.
고객(customer)	고객이 방문하다	그 가게는 친절하게 고객을 응대합니다.
고르다(pick)	선물을 고르다	음식점에서 메뉴판을 보며 음식을 골랐어요.
교환(exchange)	교환을 원하다	구매한 영수증이 있어야 옷을 교환할 수 있어요.
구입하다(purchase)	물건을 구입하다	시장에서 채소와 과일을 저렴하게 구입해요.
들다(lift)	가방을 들다	쇼핑 후 장바구니를 들어 올리는데 무거웠어요.
무료(free)	무료로 주다	이벤트로 음료 한 잔씩 무료로 제공하고 있어요.
반품(return)	반품 접수	옷 품질이 마음에 안 들어서 반품 접수를 했어요.
배송(delivery)	배송 문자	어제 구입한 책이 오늘 저녁에 배송된대요.
배송하다(deliver)	물건을 배송하다	비오는 날 택배를 배송하는 것은 힘든 일이에요.
비싸다(expensive)	가격이 비싸다	보통 마트보다 백화점이 더 비싼 편이기는 해요.
선택(choice)	메뉴 선택	메뉴가 많으면 선택하는 게 더 어려워요.
수리하다(fix)	물건을 수리하다	컴퓨터를 수리하려면 어디로 가야 해요?
신제품(new product)	신제품 청소기	신제품 출시 이벤트로 좋은 아이디어 없을까요?
어울리다(fit well)	잘 어울리다	빨간색 옷이 더 잘 어울리는 것 같아요.
저렴하다(cheap)	가격이 저렴하다	마트에서 버섯을 저렴하게 구입했어요.
팔리다(sell)	물건이 팔리다	아쉽게도 그 상품은 모두 팔려서 매진이에요.
할인하다(discount)	제품을 할인하다	주말까지 백화점의 모든 물건을 할인한다.

문형 연습하기

중요 어휘를 문형별로 공부해 보세요.

단어(기본형)	초급 -더니	중급 -도록	고급 -는 법이다
구매하다	구매하더니	구매하도록	구매하는 법이다
결제하다	결제하더니	결제하도록	결제하는 법이다
내다	내더니	내도록	내는 법이다
사다	사더니	사도록	사는 법이다
어울리다	어울리더니	어울리도록	어울리는 법이다
저렴하다	저렴하더니	저렴하도록	–
팔다	팔더니	팔도록	파는 법이다

DAY 2 테스트

본책에서 학습한 '인간관계'에 대한 어휘를 떠올리면서 문제를 풀어 보세요.

01 다음 문장의 빈칸에 적절한 단어를 알맞은 형태로 넣으십시오.

안부	편지	전화	집들이

① 오랜만에 친구가 (　　　　　)를 물어 왔어요.
② 집에서 종종 가족에게 (　　　　　)를 걸곤 해요.
③ 회사 동료의 (　　　　　)를 가기 위해 휴지를 샀어요.
④ 퇴근하고 오니 우체통에 (　　　　　)가 꽂혀 있었어요.

만나다	연락하다	반갑다	죄송하다

⑤ 멀리 떨어져 사는 친구에게 오랜만에 (　　　　　).
⑥ 고향에서 동생이 놀러 와서 무척 (　　　　　).
⑦ 불편을 드려서 매우 (　　　　　).
⑧ 오랜만에 친구를 (　　　　　) 수다를 떨었어요.

02 다음 내용 중 알맞은 것을 고르십시오.

① 친구가 동네로 온다고 해서 (마중 / 배웅)을 나갔어요.
② 길에서 어르신을 만나면 (사과 / 인사)를 해야 해요.
③ 한국에서는 (환갑 / 돌잔치) 때 연필, 실, 돈 등을 골라 잡는 행사를 해요.
④ 현대로 올수록 (핵가족 / 대가족)이 보편화되고 있어요.

03 다음 밑줄 친 단어의 반대말로 알맞은 것을 고르십시오.

① 다른 사람의 집에 방문할 때는 선물을 사 가는 게 예의예요. (만나다 / 떠나다)
② 사람들은 긍정적인 성격을 좋아해요. (부정적이다 / 이기적이다)
③ 오랜만에 친구를 만나는 날을 기대하고 있어요. (실망스럽다 / 만족스럽다)
④ 다음 달에 결혼하는 친구에게 청첩장을 받았어요. (유학 / 비혼)

정답

01 ① 안부 ② 전화 ③ 집들이 ④ 편지 ⑤ 연락했어요 ⑥ 반가웠어요 ⑦ 죄송해요 ⑧ 만나서
02 ① 마중 ② 인사 ③ 돌잔치 ④ 핵가족
03 ① 떠나다 ② 부정적이다 ③ 실망스럽다 ④ 비혼

DAY 2 | 인간관계에 대한 어휘 살펴보기

어휘 알아보기

더 알아 두면 좋을 어휘들과 함께 학습하세요.

어휘	활용 표현	예문
감사(thanks)	감사 인사	친절과 배려에 감사를 표합니다.
다니다(go to)	직장에 다니다	직장에 다닌 몇 년 동안 돈을 제법 모았다.
대화하다(talk)	동료와 대화하다	점심 식사 후 커피를 마시며 동료와 대화해요.
돕다(help)	이웃을 돕다	짐을 든 할머니를 도와드렸습니다.
만나다(meet)	친구를 만나다	주기적으로 모임에 나가 사람들을 만나곤 해요.
맞이하다(greet)	신입생을 맞이하다	동아리에 새로 들어온 회원을 맞이하다.
미루다(delay)	약속을 미루다	갑자기 배가 아파서 약속을 미뤄야 했어요.
반갑다(glad)	만나서 반갑다	두 달만에 동생을 보니 무척 반가웠어요.
배웅하다(send off)	공항에서 배웅하다	역 앞까지 친구를 배웅하러 나갔어요.
방문(visit)	이웃을 방문하다	에어컨을 고치기 위해 방문 수리 서비스를 신청했다.
사과하다(appology)	사과하다	실수한 점에 대해 사과를 드립니다.
소식(news)	소식을 듣다	고향의 가족으로부터 좋은 소식이 들려왔어요.
우리(we)	우리 가족, 우리 회사	한국에서는 '우리'라는 공동체를 중요시해요.
약속(appointment)	모임 약속	이번 주말엔 이미 약속이 꽉 차서 너를 만날 시간이 없어.
연락(contact)	연락을 하다	종종 연락하며 지내야 관계가 유지돼요.
죄송하다(sorry)	–해서 죄송하다	결제가 늦어져서 죄송하다고 사과를 드렸다.
집들이(housewarming)	집들이를 하다	집들이에 갈 때는 보통 휴지나 세제를 사 간다.
찾아가다(visit)	회의실을 찾아가다	최근에 이사한 직장 동료의 집을 찾아갔다.
초대(invitation)	초대를 받다	같은 팀 동료의 생일잔치에 초대를 받았다.
취소(cancellation)	구매 취소	갑자기 출장이 잡혀서 약속을 취소해야겠는걸.

문형 연습하기

중요 어휘를 문형별로 공부해 보세요.

단어(기본형)	초급 -지만	중급 -ㄹ 뿐만 아니라	고급 -었/았/했다면서요?
다니다	다니지만	다닐 뿐만 아니라	다녔다면서요?
돕다	돕지만	도울 뿐만 아니라	도왔다면서요?
만나다	만나지만	만날 뿐만 아니라	만났다면서요?
반갑다	반갑지만	반가울 뿐만 아니라	반가웠다면서요?
배웅하다	배웅하지만	배웅할 뿐만 아니라	배웅했다면서요?
죄송하다	죄송하지만	죄송할 뿐만 아니라	죄송했다면서요?
찾아가다	찾아가지만	찾아갈 뿐만 아니라	찾아갔다면서요?

공부한 날 ______월 ______일

DAY 3 테스트

본책에서 학습한 '직장'에 대한 어휘를 떠올리면서 문제를 풀어 보세요.

01 다음 문장의 빈칸에 적절한 단어를 알맞은 형태로 넣으십시오.

대기업	이력서	경력	제출

① 회사에 지원하는 첫 단계는 (   )을/를 보내는 일이에요.

② 그 과장님은 (   )만 10년이 넘는 베테랑이에요.

③ 사람들이 (   )을/를 선호하는 이유는 안정적인 복지에 있어요.

④ 그 서류는 (   ) 기한이 내일까지예요.

갖추다	채용하다	운영하다	추천하다

⑤ 회사도 마음에 드는 직원을 (   ) 일이 쉽지 않아요.

⑥ 빠른 취업을 위해서는 먼저 기업이 요구하는 조건을 (   ) 해요.

⑦ 회사나 부서마다 각 조직을 (   ) 방식이 달라요.

⑧ 취업 지원 센터 담당자가 면담을 통해 어느 직종이 제게 맞을지 (   ).

02 다음 내용 중 알맞은 것을 고르십시오.

① 이 지출결의서를 팀장님께 (결재 / 결제)받았나요?

② 경제 불황으로 많은 노동자들이 (실직 / 취업) 상태에 빠졌어요.

③ 지원하기 전에 (보고서 / 이력서)를 다시 검토해 보아요.

④ 이 서류를 승인할 (지원 / 권한)이 저한테 없어요.

03 다음 밑줄 친 단어의 반대말로 알맞은 것을 고르십시오.

① 이번 프로젝트의 성과가 좋아서 <u>승진할</u> 수 있었어요. (누락하다 / 강등하다)

② 우리 회사는 근무 조건이 좋아서 <u>퇴사하려는</u> 사람이 거의 없어요. (입사하다 / 근무하다)

③ <u>취직</u>을 한 후 담당 업무를 해내기 위해 주말마다 야근을 하곤 했어요. (실직 / 채용)

정답

01 ① 이력서 ② 경력 ③ 대기업 ④ 제출 ⑤ 채용하는 ⑥ 갖추어야 ⑦ 운영하는 ⑧ 추천했어요

02 ① 결재 ② 실직 ③ 이력서 ④ 권한

03 ① 강등하다 ② 입사하다 ③ 실직

DAY 3 | 직장에 대한 어휘 살펴보기

어휘 알아보기

더 알아 두면 좋을 어휘들과 함께 학습하세요.

어휘	활용 표현	예문
갖추다(prepare)	예의를 갖추다	좋은 실력을 갖춘 지원자를 뽑고 싶습니다.
결재(approval)	결재를 부탁드립니다	결재를 올리기 전에 내용을 검토하다.
경력(career)	경력을 쌓다	경력이 많으면 그만큼 신뢰가 가요.
기한(due date)	유통 기한	지출 결의서 제출 기한을 반드시 지켜 주세요.
구하다(look for)	직장을 구하다	원하는 조건에 맞는 직장을 구하는 게 어려워요.
근무(work)	근무 기간	근무 시간을 지키는 것은 직장 생활의 기본입니다.
담당하다(take charge of)	프로젝트를 담당하다	담당하게 될 업무를 위해 직무 교육을 받았다.
고려하다(consider)	상황을 고려하다	직급이 올라갈수록 여러 가지 사항들을 고려해야 한다.
승진하다(be promoted)	회사에서 승진하다	성과가 좋으면 빨리 승진할 수 있어요.
실직(unemployment)	실직을 하다	회사가 폐업하면서 실직한 사람들이 늘어나고 있다.
운영하다(operate)	가게를 운영하다	부서 운영 방식을 효율적으로 바꿔 봅시다.
전문성(expertise)	전문성을 지니다	전문성을 갖춰야 인정을 받을 수 있습니다.
지원자(applicant)	지원자가 많다	채용 공고를 내도 지원자가 오지 않습니다.
지원하다(to apply)	중소기업에 지원하다	내게 맞는 회사에 지원하는 것이 중요합니다.
채용(recruitment)	채용을 하다	얼마 전에 신입 사원을 채용했습니다.
추천하다(recommend)	지인을 추천하다	친구에게 우리 회사에 지원하도록 추천했습니다.
취직하다(get a job)	회사에 취직하다	얼른 취직해서 돈을 모으고 싶습니다.
퇴사하다(quit a job)	회사에서 퇴사하다	갑자기 부장님이 퇴사하셔서 놀랐어요.
파업하다(strike)	결국 파업하다	파업에 돌입한 끝에, 마침내 노사가 협의하였다.
협력하다(cooperate)	팀원들과 협력하다	팀원들과 협력해서 일을 하니 결과가 더 잘 나온 것 같아요.

문형 연습하기

중요 어휘를 문형별로 공부해 보세요.

단어(기본형)	초급 -면서	중급 -기 때문에	고급 -려고 하다
갖추다	갖추면서	갖추기 때문에	갖추려고 하다
구하다	구하면서	구하기 때문에	구하려고 하다
승진하다	승진하면서	승진하기 때문에	승진하려고 하다
운영하다	운영하면서	운영하기 때문에	운영하려고 하다
지원하다	지원하면서	지원하기 때문에	지원하려고 하다
채용하다	채용하면서	채용하기 때문에	채용하려고 하다
취직하다	취직하면서	취직하기 때문에	취직하려고 하다

DAY 4 테스트

본책에서 학습한 '예술'에 대한 어휘를 떠올리면서 문제를 풀어 보세요.

01 다음 문장의 빈칸에 적절한 단어를 알맞은 형태로 넣으십시오.

관람	등장인물	전시회	작품

① 이번 (   )에서는 금관 유물을 중심으로 삼국 시대 문화재를 선보여요.
② 뮤지컬 (   )을/를 마치고 나오니 저녁 시간이 훌쩍 지나 있었어요.
③ 유명작가의 미술 (   )은/는 사람들의 마음을 사로잡아요.
④ 소설에서는 (   )의 대화를 통해 다음에 이어질 스토리를 유추할 수 있어요.

감동적이다	손꼽다	인상적이다	생생하다

⑤ 그 배우는 마치 실존하는 인물 같은 (   ) 연기로 호평을 받았어요.
⑥ 전우를 위해 자신을 희생하는 주인공의 모습에 (   ) 울었어요.
⑦ 나는 부모님과 같이 여행을 떠나는 날만을 (   ) 기다렸어요.
⑧ 글의 인물과 장면의 묘사가 매우 (   ) 눈앞에 그림이 그려지는 것 같아요.

02 다음 내용 중 알맞은 것을 고르십시오.

① (뮤지컬 / 영화)은/는 현장에서 관객과 배우가 서로 소통하기도 해요.
② 이 춤은 동물의 움직임을 (응용하여 / 반대하여) 역동적인 느낌을 주어요.
③ 남의 것을 (창작하는 / 모방하는) 것은 그에게 독창성이 부족했기 때문이에요.
④ 내년에 그동안 작곡한 곡들을 모아 연주 발표회를 (개최할 / 제출할) 예정이에요.

03 다음 밑줄 친 단어의 반대말로 알맞은 것을 고르십시오.

① 최근 떠오르고 있는 신예 작가의 소설은 매우 <u>재미있어요</u>. (지루하다 / 비극적이다)
② 고려청자에 수놓인 <u>섬세한</u> 무늬들을 보고 있으면 감격스러워요. (투박하다 / 미묘하다)
③ 최근 시작한 그 뮤지컬은 저예산임에도 흥행에 <u>성공했어요</u>. (성장하다 / 실패하다)
④ 그 영화는 논란 끝에 관객들에게 <u>외면당했어요</u>. (기대하다 / 선택하다)

정답

01 ① 전시회 ② 관람 ③ 작품 ④ 등장인물 ⑤ 인상적인 ⑥ 감동해서 ⑦ 손꼽아 ⑧ 생생해서
02 ① 뮤지컬 ② 응용하여 ③ 모방하는 ④ 개최할
03 ① 지루하다 ② 투박하다 ③ 실패하다 ④ 선택하다

DAY 4 | 예술에 대한 어휘 살펴보기

어휘 알아보기

더 알아 두면 좋을 어휘들과 함께 학습하세요.

어휘	활용 표현	예문
감동하다(be touched)	작품에 감동하다	영화에 담긴 메시지에 감동했다.
개최되다(be held)	대회가 개최되다	모네 전시회가 6월 2일부터 개최될 예정입니다.
고전(classic)	고전을 읽다	고전에는 인간과 사회에 대한 고찰이 담겨 있기 때문에 현대 사회에도 적용이 된다.
관람(to watch)	관람 예약	영화를 관람하는 일은 취미 중 하나예요.
글쓴이(writer)	글쓴이의 인사	글쓴이가 묘사한 주인공 성격이 참 매력적이다.
등장인물(character)	등장인물의 배경	등장인물의 다양한 성격은 현대 사회에서 마주할 수 있는 다양한 인간 군상을 담아냈다 할 수 있다.
문학(literature)	문학 작품	문학 작품에는 시, 소설, 수필 등의 장르가 있다.
뮤지컬(musical)	뮤지컬 음악	뮤지컬은 연기와 노래가 어우러진 종합 무대 예술이다.
비극적이다(tragic)	결말이 비극적이다	셰익스피어는 비극적인 이야기를 쓰기도 했다.
생동감(liveliness)	생동감이 있다	그림에 생동감이 있어서 살아 움직이는 것 같다.
섬세하다(delicate)	음악이 섬세하다	섬세한 붓 터치로 그린 그림을 보고 있으면 나도 모르게 빠져든다.
손꼽다(look forward to)	만날 날을 손꼽다	그 영화가 재개봉하기만을 손꼽아 기다렸다.
손꼽히다(be considered as one of)	1위로 손꼽히다	이 연극은 관객이 사랑하는 연극 1위로 손꼽힌다.
음악(music)	음악 감상	전통 음악을 이어 가는 전수자 양성이 필요하다.
응용하다(apply)	원작을 응용하다	응용과 표절의 경계가 불명확하여 문제가 된다.
인상적이다(impress)	춤이 인상적이다	비극적 죽음을 맞이하는 결말이 인상적이었다.
전시(exhibition)	전시 장소	전시는 8월 1일부터 한 달 동안 이어집니다.
조각(piece)	조각 공원	어떤 재료를 사용하냐에 따라 조각의 느낌이 달라진다.
조화롭다(harmonious)	색이 조화롭다	배우들의 연기가 조화로워서 영화에 몰입했다.
창작하다(create)	시를 창작하다	창작의 과정은 힘들지만 즐거운 것이다.

문형 연습하기

중요 어휘를 문형별로 공부해 보세요.

단어(기본형)	초급 -려면	중급 -길래	고급 -ㄹ 수 없다
감동하다	감동하려면	감동하길래	감동할 수 없다
섬세하다	섬세하려면	섬세하길래	섬세할 수 없다
손꼽다	손꼽으려면	손꼽길래	손꼽을 수 없다
응용하다	응용하려면	응용하길래	응용할 수 없다
인상적이다	인상적이려면	인상적이길래	인상적일 수 없다
조화롭다	조화로우려면	조화롭길래	조화로울 수 없다
창작하다	창작하려면	창작하길래	창작할 수 없다

공부한 날 _____ 월 _____ 일

DAY 5 테스트

본책에서 학습한 '건강'에 대한 어휘를 떠올리면서 문제를 풀어 보세요.

01 다음 문장의 빈칸에 적절한 단어를 알맞은 형태로 넣으십시오.

성인병 전염 복통 감기

① ( )에 걸려서 기침이 나와요.

② 점심을 먹고 체해서 ( )이/가 심해졌어요.

③ 어디서 ( )되었는지 모르겠지만 독감에 걸리고 말았어요.

④ 당뇨와 고혈압은 대표적인 ( ) 질환이에요.

앓다 어지럽다 치료하다 해롭다

⑤ 언니가 두통을 ( ) 자리에 누워 있어요.

⑥ 고열 때문에 ( ) 병원에 갔어요.

⑦ 병을 제때 ( ) 것은 정말 중요해요.

⑧ 항생제를 먹으면서 술과 담배를 같이 하는 건 매우 ( ).

02 다음 내용 중 알맞은 것을 고르십시오.

① 아픈 걸 방치하면 자칫 (위험해질 / 행복해질) 수 있어요.

② 자전거를 타다 넘어져서 무릎을 (고쳤어요 / 다쳤어요).

③ 독감 유행 전에 미리 (예방 / 항생제) 접종을 해야 해요.

④ 물놀이를 하기 전에는 발에 (이 / 쥐)가 나지 않도록 준비 운동을 해야 해요.

03 다음 밑줄 친 단어의 반대말로 알맞은 것을 고르십시오.

① 위장병의 <u>악화</u>로 음식물을 제대로 섭취할 수 없어요. (변화 / 완화)

② 일단 약을 먹어보고 증세가 <u>호전되지</u> 않으면 병원에 갈 거예요. (위독하다 / 발전되다)

③ 담배는 여러 가지 면에서 건강에 <u>이로운</u> 것이 없어 끊어야 해요. (해롭다 / 새롭다)

④ 오랜 시간 걷기나 달리기 등을 할 때 코로 숨을 <u>마시고</u> 뱉어 내요. (내밀다 / 내쉬다)

정답

01 ① 감기 ② 복통 ③ 전염 ④ 성인병 ⑤ 앓느라 ⑥ 어지러워서 ⑦ 치료하는 ⑧ 해로워요

02 ① 위급해질 ② 다쳤어요 ③ 예방 ④ 쥐

03 ① 완화 ② 위독하다 ③ 해롭다 ④ 내쉬다

DAY 5 | 건강에 대한 어휘 살펴보기

어휘 알아보기

더 알아 두면 좋을 어휘들과 함께 학습하세요.

어휘	활용 표현	예문
내쉬다(exhale)	숨을 내쉬다	긴장될 때는 천천히 숨을 내쉬며 심호흡을 해요.
노화(aging)	노화 방지	노화 방지를 위해 매일 운동을 해요.
멍들다(get a bruise)	팔에 멍들다	침대에 부딪혀서 팔에 멍이 들었어요.
면역(immunity)	면역력 증진	면역 체계가 약해지면 질병에 걸리기 쉬워요.
성인병(adult disease)	성인병에 걸리다	식습관만 조절해도 성인병 위험이 줄어들어요.
시리다(sensitive)	이가 시리다	이가 시릴 때에는 빨리 치과에 가서 치료를 받으세요.
식단(diet)	건강 식단	균형 잡힌 식단을 지켜야 몸 회복이 빨라요
악화(deteriorate; worsen)	증상 악화	병이 악화될수록 병을 치료하는 시간과 비용이 늘어납니다.
알레르기(allergy)	알레르기 증상	꽃가루 알레르기가 있어서 봄이 무서워요.
앓다(be sick)	병을 앓다	앓고 일어나면 한동안 영양식을 챙겨먹어요.
어지럽다(dizzy)	머리가 어지럽다	열이 너무 높아서 어지러웠어요.
위급하다(urgent)	상태가 위급하다	엄마의 상태가 위급해서 119를 불러 응급실에 갔어요.
위독하다(critical)	병세가 위독하다	아버지가 위독하다는 연락을 받고 급히 고향에 내려갔어요.
전염(infection)	감기 전염	코로나19는 사람의 침 등으로 전염이 되는 질병이다.
접종(vaccination)	백신 접종	겨울이 되면 독감 예방 주사 접종을 합니다.
지치다(be exhausted)	야근에 지치다	몸이 지치지 않도록 무리해서 일하지 말아요.
진료(to see a doctor)	병원 진료	감기가 낫지 않아 병원에 진료를 받으러 갔어요.
치료하다(treat)	암을 치료하다	병을 치료하는 동안 식단도 잘 지켜야 해요.
칼로리(calorie)	칼로리 계산	고칼로리 음식은 비만으로 가는 지름길이에요.
해롭다(be harmful)	건강에 해롭다	술과 담배를 동시에 하면 건강에 몹시 해로워요.

문형 연습하기

중요 어휘를 문형별로 공부해 보세요.

단어(기본형)	초급 -ㄹ 때	중급 -ㄴ 데다가	고급 -나/은가 보다
앓다	앓을 때	앓는 데다가	앓나 보다
어지럽다	어지러울 때	어지러운 데다가	어지러운가 보다
위급하다	위급할 때	위급한 데다가	위급한가 보다
위독하다	위독할 때	위독한 데다가	위독한가 보다
지치다	지칠 때	지친/지치는 데다가	지치나 보다
치료하다	치료할 때	치료한 데다가	치료하나 보다
해롭다	해로울 때	해로운 데다가	해로운가 보다

DAY 6 테스트

본책에서 학습한 '정치와 경제'에 대한 어휘를 떠올리면서 문제를 풀어 보세요.

01 다음 문장의 빈칸에 적절한 단어를 알맞은 형태로 넣으십시오.

가속화 각계각층 판매량 유권자

① AI 개발 산업이 점차 ( )되고 있어요.
② 정부에서 ( )의 의견을 반영한 정책을 세워야 해요.
③ 해당 제품은 전년 대비 ( )이/가 많이 늘어났어요.
④ ( )은/는 선거할 권리를 가진 사람이에요.

경쟁하다 과도하다 지지하다 폭등하다

⑤ ( ) 세금 증가로 시민들의 생활이 힘들어졌어요.
⑥ 각자 정치 성향에 따라 ( ) 정당과 후보가 다를 수밖에 없어요.
⑦ 기업이 좋은 기술로 서로 ( )수록 소비자들에게는 이득이에요.
⑧ 장마가 길어지면서 채소 가격이 ( ).

02 다음 내용 중 알맞은 것을 고르십시오.

① 한국은 반도체 산업의 (약자 / 강자)로 우뚝 섰어요.
② 대통령 당선자는 자신을 (지지한 / 출마한) 유권자에게 감사를 전했어요.
③ 국내 화장품 업체들의 해외 진출이 (가속화 / 차별화)되고 있어요.
④ 민주주의 사회는 서로 (차별 / 평등)하지 않고 동등한 시민으로 대우해요.

03 다음 밑줄 친 단어의 반대말로 알맞은 것을 고르십시오.

① 수출이 감소하고 수입이 늘어서 나라의 경제가 어려워요. (증가하다 / 유지하다)
② 기존의 가치를 진보적으로 바꾸려는 의지가 필요해요. (긍정적 / 보수적)
③ 경쟁사의 제품과 디자인, 기능 면에서 차별화가 있어야 해요. (획일화 / 특화)
④ 여성의 권리가 점차 향상되고 있어요. (상승하다 / 약화되다)

정답

01 ① 가속화 ② 각계각층 ③ 판매량 ④ 유권자 ⑤ 과도한 ⑥ 지지하는 ⑦ 경쟁할 ⑧ 폭등했어요
02 ① 강자 ② 지지한 ③ 가속화 ④ 차별
03 ① 증가하다 ② 보수적 ③ 획일화 ④ 약화되다

DAY 6 | 정치와 경제에 대한 어휘 살펴보기

어휘 알아보기

더 알아 두면 좋을 어휘들과 함께 학습하세요.

어휘	활용 표현	예문
가속화(accelerating)	개발 가속화	산업 발전이 가속화되면서 많은 환경 문제가 발생했다.
감소하다(decrease)	판매량이 감소하다	매출이 감소하면서 회사 사정이 어려워졌다.
공정(fairness)	공정을 추구하다	나랏일을 하는 데 있어서 공정은 무엇보다도 중요하다.
과도하다(exceed)	규제가 과도하다	과도한 규제는 경제 성장의 발목을 잡는다.
과반수(majority)	과반수가 찬성하다	선거에서 이기려면 과반수의 지지를 받아야 한다.
낭비하다(waste)	예산을 낭비하다	세금을 낭비하는 것은 국민들이 화를 낼 일이다.
달하다(reach)	30%에 달하다	조사 결과 실업자가 전 국민의 25%에 달했다.
보수적(conservative)	보수적인 사고	나라가 어려울수록 보수적인 정치 세력이 우세를 보인다.
상승세(upward trend)	상승세이다	주식 시장이 상승세를 보이는 것은 좋은 신호이다.
상업적(commercial)	상업적	상업적으로 변하는 것이 나쁜 것만은 아니다.
선보이다(show)	신제품을 선보이다	우리 회사는 연말에 신제품을 선보일 예정이다.
수익(profit)	수익이 증가하다	수익을 창출하기 위해 기업들이 노력하고 있다.
유세하다(campaign)	후보자가 유세하다	대선 후보자가 유세하는 곳에 대중이 몰렸다.
절감(reduction)	비용 절감	비용을 절감하고 수익 창출에 힘을 써야 한다.
지수(index)	판매 지수	구매 지수가 높은 상품의 특징을 분석해야 한다.
차별화(differentiation; distinction)	차별화를 꾀하다	차별화 전략을 세우고 공격적으로 홍보해야 한다.
출마하다(run for)	선거에 출마하다	대통령 선거에 출마하려면 재산을 공개해야 한다.
판매량(sales volume)	판매량 확인	판매량이 줄어드는 원인을 파악해야 한다.
폭등하다(soar)	물건값이 폭등하다	원유 가격이 폭등하고 있다는 보고를 들었다.
하락하다(decrease)	상승세가 하락하다	집값이 하락하면 발생하는 문제는 무엇입니까?

문형 연습하기

중요 어휘를 문형별로 공부해 보세요.

단어(기본형)	초급 -려고	중급 -느라고	고급 -(으)ㄹ 뻔하다
감소하다	감소하려고	감소하느라고	감소할 뻔하다
경쟁하다	경쟁하려고	경쟁하느라고	경쟁할 뻔하다
낭비하다	낭비하려고	낭비하느라고	낭비할 뻔하다
달하다	달하려고	달하느라고	달할 뻔하다
유세하다	유세하려고	유세하느라고	유세할 뻔하다
출마하다	출마하려고	출마하느라고	출마할 뻔하다
폭등하다	폭등하려고	폭등하느라고	폭등할 뻔하다

공부한 날 ____ 월 ____ 일

DAY 7 테스트

본책에서 학습한 '학교생활'에 대한 어휘를 떠올리면서 문제를 풀어 보세요.

01 다음 문장의 빈칸에 적절한 단어를 알맞은 형태로 넣으십시오.

창의성 성적 수업 평가

① 학교 교육은 이전에 비해 학생들의 ( )을/를 개발하는 데 힘쓰고 있어요.

② 지난 학기에 비해 이번 학기의 ( )이/가 올랐어요.

③ 아침에 늦잠을 자는 바람에 ( )에 늦었어요.

④ 매 학기 치르는 시험은 결국 내가 공부한 성과를 ( )받는 과정이에요.

깨닫다 맞히다 배우다 익히다

⑤ 복습하는 일은 그날 배운 것을 다시 ( ) 일이에요.

⑥ 다양한 분야의 책을 읽으며 새로운 지식을 ( ).

⑦ 학교에서 한국어를 ( ) 지식을 넓혀 가요.

⑧ 시험에서 문제를 많이 ( ) 공부를 열심히 해야 해요.

02 다음 내용 중 알맞은 것을 고르십시오.

① 학교에서 정한 규칙에 (베껴서 / 따라서) 기말고사가 진행되었어요.

② 대학에서 새로운 (평가 / 학문)을/를 배울 생각에 신이 나요.

③ (성적 / 출석)을 잘 받아야 이번 과목을 이수할 수 있어요.

④ 개개인 학생의 진도에 맞춰 수업을 (거부해야 / 진행해야) 해요.

03 다음 밑줄 친 단어의 반대말로 알맞은 것을 고르십시오.

① 장기간 무단으로 <u>결석</u>을 하면 제적된다. (퇴근 / 출석)

② 모두가 그 <u>선배</u>의 다재다능함을 부러워해요. (후배 / 상사)

③ 시험 문제 20개 중에서 10개 밖에 <u>맞히지</u> 못했어요. (때리다 / 틀리다)

④ 한국어가 모국어인 교사가 외국인들에게 한국어를 <u>가르쳐요</u>. (배우다 / 마련하다)

정답

01 ① 창의성 ② 성적 ③ 수업 ④ 평가 ⑤ 익히는 ⑥ 깨달아요 ⑦ 배우며 ⑧ 맞히려면
02 ① 따라서 ② 학문을 ③ 성적 ④ 진행해야
03 ① 출석 ② 후배 ③ 틀리다 ④ 배우다

DAY 7 | 학교생활에 대한 어휘 살펴보기

어휘 알아보기

더 알아 두면 좋을 어휘들과 함께 학습하세요.

어휘	활용 표현	예문
결석(absence)	학교에 결석하다	4번 이상 결석하면 F 학점을 받아요.
과제(task)	과제를 수행하다	이번 시험은 과제 제출로 점수가 대체된대요.
기숙사(dormitory)	기숙사 생활	기숙사 생활을 하면 학교에 더 정을 붙이게 돼요.
깨닫다(realize)	문제점을 깨닫다	몰랐던 것을 깨닫고 배우는 일은 즐거워요.
따르다(follow)	의사에 따르다	학회장의 의견에 따라 이번 학기는 야외 수업을 하게 됐어요.
맞히다(guess right)	정답을 맞히다	시험 문제에서 절반밖에 맞히지 못했어요.
문제(question)	문제를 풀다	문제가 너무 어려워서 포기하는 학생들이 많아요.
배우다(learn; study)	언어를 배우다	낯선 외국에서 언어를 배우는 것은 쉽지 않아요.
베끼다(copy)	글을 베끼다	정답을 베끼는 것은 부정행위예요.
선배(a senior)	학교 선배	선배를 통해 학교 근처 맛집을 알게 됐어요.
성적(grade)	성적 장학금	우수한 성적으로 다음 학기에 장학금을 받는다.
수업(lesson)	수업 내용	수업을 들은 후 집에서 복습하곤 해요.
시험(test)	시험 범위	시험을 치른 후 놀러 갈 생각에 들떴어요.
알아보다(look into)	분야를 알아보다	졸업 후 어떠한 곳에 취직할 수 있는지 알아보았다.
연구(research)	연구 계획	학문을 탐구하고 연구하는 과정이 흥미로워요.
익히다(become proficient)	기술을 익히다	기술을 익히면 빠른 취업이 가능해요.
작성하다(write)	보고서를 작성하다	기말 평가를 위해 레포트를 작성 중이에요.
창의성(creativity)	창의성 부족	창의성을 키워야 성적을 올릴 수 있어요.
탐구(study)	탐구를 하다	생태계를 탐구하는 일은 계속 이어져야 합니다.
학습하다(learn)	전공을 학습하다	언어를 익힐 때에는 예문을 같이 학습하면 좋아요.

문형 연습하기

중요 어휘를 문형별로 공부해 보세요.

단어(기본형)	초급 -도록	중급 -든지	고급 -게 되다
깨닫다	깨닫도록	깨닫든지	깨닫게 되다
배우다	배우도록	배우든지	배우게 되다
알아보다	알아보도록	알아보든지	알아보게 되다
엄격하다	엄격하도록	엄격하든지	엄격하게 되다
익히다	익히도록	익히든지	익히게 되다
작성하다	작성하도록	작성하든지	작성하게 되다
학습하다	학습하도록	학습하든지	학습하게 되다

공부한 날 ____월 ____일

DAY 8 테스트

본책에서 학습한 '공공 기관'에 대한 어휘를 떠올리면서 문제를 풀어 보세요.

01 다음 문장의 빈칸에 적절한 단어를 알맞은 형태로 넣으십시오.

공과금	보안	도서관	증명서

① (   )을/를 발급받으려면 신분증이 있어야 해요.

② (   )은/는 은행이나 편의점 등에서 납부할 수 있어요.

③ 개인 정보의 (   )을/를 위해 정보 노출에 주의해야 해요.

④ (   )이/가 조용하고 쾌적하니까 독서에 집중할 수 있어서 좋아요.

거치다	발급하다	부치다	안내하다

⑤ 신분증을 새로 (   ) 어디로 가야 해요?

⑥ 편지와 소포 등은 우체국에 가서 (   ) 수 있어요.

⑦ 그 기업은 어렵고 힘든 시간을 (   ) 현재의 위치에 올라섰어요.

⑧ 관광객들은 가이드가 (   ) 장소로 이동했어요.

02 다음 내용 중 알맞은 것을 고르십시오.

① 식당에서 계산할 때는 (수수료 / 공과금)의 포함 여부를 확인해요.

② 은행에 (방문해서 / 출입해서) 한국 돈을 베트남 돈으로 환전했어요.

③ 외국인 등록증을 (발급하려고 / 거절하려고) 출입국 사무소에 가요.

④ 인터넷 기술이 발전함에 따라 정보 (보안 / 유출)의 중요성이 높아지고 있어요.

03 다음 밑줄 친 단어의 반대말로 알맞은 것을 고르십시오.

① 여기에서는 조용히 해 주세요. (시끄럽다 / 복잡하다)

② 도서관에서 책을 빌리려면 개인 정보를 확인해야 해요. (반납하다 / 구입하다)

③ 고향에 있는 가족들에게 소포를 부쳤어요. (받다 / 만들다)

정답

01 ① 증명서 ② 공과금 ③ 보안 ④ 도서관 ⑤ 발급하려면 ⑥ 부칠 ⑦ 거쳐 ⑧ 안내하는

02 ① 수수료 ② 방문해서 ③ 발급하려고 ④ 보안

03 ① 시끄럽다 ② 반납하다 ③ 받다

DAY 8 | 공공 기관에 대한 어휘 살펴보기

어휘 알아보기

더 알아 두면 좋을 어휘들과 함께 학습하세요.

어휘	활용 표현	예문
거치다(go through)	과정을 거치다	심사를 거쳐 결과를 통보하겠습니다.
공과금(utility bill)	공과금을 납부하다	공과금을 제때 납부하지 않으면 안 된다.
기관(institution)	공공 기관	여러 공공 기관 시설이 투표소로 활용된다.
도서관(library)	학교 도서관	도서관 바로 앞에 기숙사가 있다.
문의하다(inquire)	담당자에게 문의하다	궁금하신 것은 이메일로 문의하시기 바랍니다.
발급하다(issue)	신분증을 발급하다	카드를 발급받은 후 카드 뒷면에 서명하다.
방문하다(visit)	주민 센터를 방문하다	우체국을 방문하여 우편물을 보내고 돌아왔다.
보안(security)	개인 정보 보안	인터넷 사용 시 항상 보안에 유의하여야 한다.
부치다(send)	엽서를 부치다	고향에 있는 가족에게 편지와 엽서를 부쳤다.
빌리다(borrow)	도서를 빌리다	주민 센터에서 우산을 빌려 준다(대여해 준다).
소포(parcel)	소포를 부치다	소포를 부치는 요금은 무게에 따라 다릅니다.
수수료(commission)	수수료를 지불하다	항공권을 환불하시면 수수료를 내셔야 합니다.
안내하다(inform)	자세하게 안내하다	길을 잃은 관광객에게 친절하게 방향을 안내했다.
엽서(post card)	엽서와 소포	엽서에 보내는 이와 받는 이의 주소를 적었다.
우체국(post office)	우체국에 가다	우체국에서는 우편과 금융 업무를 처리할 수 있습니다.
접수하다(receive)	민원을 접수하다	신청서에 이름, 주소, 전화번호를 쓰십시오.
조용히(quietly)	조용히 이야기하다	공공 기관을 이용할 때는 조용히 해야 한다.
증명서(certificate)	증명서를 신청하다	증명서는 어떤 용도로 발급받으려고 하십니까?
지나다(be overdue)	기한이 지나다	신청 기간이 지나면 면제 혜택을 받지 못합니다.
처리하다(handle)	불만을 처리하다	신청하신 순서대로 처리해 드리겠습니다.

문형 연습하기

중요 어휘를 문형별로 공부해 보세요.

단어(기본형)	초급 -게	중급 -자마자	고급 -ㄴ 덕분에
문의하다	문의하게	문의하자마자	문의한 덕분에
발급하다	발급하게	발급하자마자	발급한 덕분에
방문하다	방문하게	방문하자마자	방문한 덕분에
접수하다	접수하게	접수하자마자	접수한 덕분에
지나다	지나게	지나자마자	지난 덕분에
처리하다	처리하게	처리하자마자	처리한 덕분에

DAY 9 테스트

본책에서 학습한 '사회 제도'에 대한 어휘를 떠올리면서 문제를 풀어 보세요.

01 다음 문장의 빈칸에 적절한 단어를 알맞은 형태로 넣으십시오.

급속도	모방	치안	폐해

① 이번 범죄 사건으로 ( )의 중요성이 부각되고 있어요.

② 최근 AI 관련 산업이 ( )(으)로 발달하고 있어요.

③ 무분별한 ( )은/는 창작의 가치를 떨어뜨려요.

④ 폭력적 영상물이 청소년에게 미치는 ( )이/가 심각해요.

부각되다	드러나다	보살피다	저지르다

⑤ 실수를 ( ) 진정한 반성을 한다면 용서받을 수 있어요.

⑥ 서울이 아시아의 중심지로 ( ) 있어요.

⑦ 국가에서 ( ) 않으면 생계유지가 어려운 사람들이 있어요.

⑧ 정책 시행에 관한 여러 문제점이 ( ) 제도의 정비가 요구돼요.

02 다음 내용 중 알맞은 것을 고르십시오.

① 자동차 회사에 자동차 고장의 원인을 (저질렀어요 / 따졌어요).

② 이 제도는 여러 가지 면에서 (모순 / 모방)을 가지고 있어요.

③ 전자파 차단 기준에 대한 (검토 / 논란)이/가 필요해요.

④ 그 소방관은 화재 현장 속에서 한 아이를 (의심했어요 / 구조했어요).

03 다음 밑줄 친 단어의 반대말로 알맞은 것을 고르십시오.

① 개인의 다양성과 개성이 동시에 존중되어야 해요. (개방성 / 획일성)

② 증거도 없이 사람들을 의심하는 건 잘못된 거예요. (외면하다 / 신뢰하다)

③ 투표는 국민이 간접으로 정치에 참여할 수 있는 제도예요. (직접 / 따로)

④ 경찰은 그의 혐의가 드러나면 법적으로 처벌하겠다고 했어요. (나타나다 / 사라지다)

정답

01 ① 치안 ② 급속도 ③ 모방 ④ 폐해 ⑤ 저질러도 ⑥ 부각되고 ⑦ 보살피지 ⑧ 드러나서

02 ① 따졌어요 ② 모순 ③ 검토 ④ 구조했어요

03 ① 획일성 ② 신뢰하다 ③ 직접 ④ 사라지다

DAY 9 | 사회 제도에 대한 어휘 살펴보기

어휘 알아보기

더 알아 두면 좋을 어휘들과 함께 학습하세요.

어휘	활용 표현	예문
개인주의(individualism)	개인주의가 심해지다	개인주의가 부정적인 것만은 아니다.
검토하다(examine)	면밀히 검토하다	정부는 개정법의 파급력을 면밀히 검토했다.
구조하다(rescue)	조난자를 구조하다	화재 현장에서 생존자를 구조하였다.
급속도(high speed)	급속도로 상승하다	레저 산업이 급속도로 발전하게 되었다.
논란(controversy)	논란이 벌어지다	손실을 보상해 주는 제도에 대한 논란이 있다.
다양성(diversity)	다양성 보장	직원의 전문성과 다양성 확보를 꾀해야 한다.
드러나다(be revealed)	문제점이 드러나다	새로운 제도의 허구성이 드러났다.
모방(imitation)	단순 모방	남의 것을 모방하는 잘못은 사라져야 한다.
모순(contradiction)	모순을 발견하다	이 제도는 여러 가지 면에서 모순을 안고 있다.
보살피다(look after)	약자를 보살피다	가족의 생계를 보살피기 위해 열심히 일한다.
봉사하다(volunteer)	주말에 봉사하다	국민을 위하여 봉사하는 공직자가 필요하다.
부각되다(be highlighted)	문제점이 부각되다	30대 사이에서 건강 관리의 중요성이 부각되고 있다.
속하다(belong)	공동체에 속하다	이 회사는 규모로 보았을 때 중소기업에 속한다.
의심되다(suspicious)	거짓이 의심되다	이 제도의 타당성이 의심됩니다.
저지르다(commit)	범죄를 저지르다	불법적인 행위를 저지르는 것을 막아야 한다.
제공하다(provide)	단서를 제공하다	한 제보자가 방송국에 사건의 단서를 제공했다.
제도(system)	사회 제도	사회 제도는 국민의 복지와 큰 관련이 있다.
질서(order)	교통 질서	한층 높아진 시민들의 질서 의식을 볼 수 있다.
치안(public order)	치안 유지	정부는 치안과 질서 유지를 위하여 노력한다.
폐해(harmful effect)	폐해를 없애다	대기 오염의 폐해로 각종 질환이 발병한다.

문형 연습하기

중요 어휘를 문형별로 공부해 보세요.

단어(기본형)	초급 -아서/어서/해서	중급 -(으)며	고급 -지 않다
구조하다	구조해서	구조하며	구조하지 않다
드러나다	드러나서	드러나며	드러나지 않다
봉사하다	봉사해서	봉사하며	봉사하지 않다
속하다	속해서	속하며	속하지 않다
의심되다	의심해서	의심하며	의심하지 않다
제공하다	제공해서	제공하며	제공하지 않다

공부한 날 ______ 월 ______ 일

DAY 10 테스트

본책에서 학습한 '가치관과 심리'에 대한 어휘를 떠올리면서 문제를 풀어 보세요.

01 다음 문장의 빈칸에 적절한 단어를 알맞은 형태로 넣으십시오.

인종 　　 국제화 　　 착각

① 외국인과도 자유롭게 소통하면서 (　　　　　　)을/를 실감하고 있어요.

② 경복궁에 가면 다양한 국적과 (　　　　　　)의 관광객을 볼 수 있어요.

③ 문제가 곧 해결될 것이라고 예상한 것은 (　　　　　　)이었어요.

실감하다 　　 차별하다 　　 전해지다 　　 피하다

④ 그 사람은 앞에 나서는 일을 (　　　　　　) 편이에요.

⑤ 장애인을 (　　　　　　) 않도록 사회 인식을 바꿔야 해요.

⑥ 외국인 등록증을 받으니 이곳이 한국이라는 것을 (　　　　　　) 수 있었어요.

⑦ 한국의 전통 가치는 오랫동안 (　　　　　　) 있어요.

02 다음 내용 중 알맞은 것을 고르십시오.

① 생활한복은 우리 (금기 / 고유)의 멋을 살린 옷이에요.

② 현대에는 대부분의 나라에 다양한 (종류 / 인종)이/가 섞여 살아요.

③ 신분이나 직업으로 사람을 (존중하는 / 차별하는) 것은 옳지 않아요.

④ 어려움을 (헤치고 / 겁내고) 성장한 사람은 실패를 두려워하지 않아요.

03 다음 밑줄 친 단어의 반대말로 알맞은 것을 고르십시오.

① 현재의 젊은이들도 시간이 지나면 구세대가 돼요. (청년층 / 신세대)

② 세대 갈등의 해결을 위해서는 어긋난 생각을 바로잡아야 해요. (바로잡다 / 예측하다)

③ 심리적인 부담감에 걱정만 점점 커져 갔어요. (신체적 / 정신적)

④ 가끔 되살아나는 과거의 힘든 기억 때문에 불행하게 돼요. (의식하다 / 행복하다)

정답

01 ① 국제화 ② 인종 ③ 착각 ④ 피하는 ⑤ 차별하지 ⑥ 실감할 ⑦ 전해지고

02 ① 고유 ② 인종 ③ 차별하는 ④ 헤치고

03 ① 신세대 ② 바로잡다 ③ 신체적 ④ 행복하다

DAY 10 | 가치관과 심리에 대한 어휘 살펴보기

어휘 알아보기

더 알아 두면 좋을 어휘들과 함께 학습하세요.

어휘	활용 표현	예문
겁내다(be afraid)	겁내지 않다	겁을 내면 오히려 두려움이 커진다.
고유(inherence)	고유의 전통	김치는 한국 고유의 전통 음식입니다.
구세대(old generation)	구세대와의 갈등	구세대와 신세대 간의 사고방식이 다르다.
국제화(internationalization)	국제화 시대	국제화 시대에서는 서로의 문화가 공존한다.
금기(taboo)	금기가 존재하다	각 사회마다 금기되는 언어 표현들이 존재한다.
긴장감(tension)	긴장감을 이완하다	시험을 앞두고 시험장에는 긴장감이 감돌았다.
심리적(psychological)	심리적인 압박감	경기의 승패에는 선수의 심리적인 요인이 크게 작용한다.
어긋나다(go against)	생각이 어긋나다	예의범절에 어긋나는 행동을 하지 않도록 주의하자.
예측하다(predict)	미래를 예측하다	아무도 예상하지 못한 일이 일어날 때가 많다.
위로하다(console)	아픔을 위로하다	위로하는 방식은 문화권에 따라 다르다.
인종(race)	인종 차별	한국에도 다양한 인종의 사람들이 살고 있다.
전해지다(be handed down)	대대로 전해지다	유교 문화의 전통이 현대까지 전해진다.
전통적(traditional)	전통적인 사고방식	전통적인 풍습 중 좋은 것은 지켜나가야 한다.
차별하다(discriminate)	남녀를 차별하다	성별, 연령으로 상대방을 차별해서는 안 된다.
차분하다(calm)	마음이 차분해지다	산책을 하면 마음이 차분해져서 좋아요.
편견(prejudice)	편견에 치우치다	편견에 빠지면 상대방을 있는 그대로 볼 수 없다.
피하다(avoid)	갈등을 피하다	갈등을 피하기만 하지 말고 뚫고 나아가야 한다.
허전하다(feel alone)	허전한 마음	옆자리가 비어 있으니 참 허전하네요.
헤치다(get through)	어려움을 헤치다	연령대마다 헤쳐 나가야 할 과제가 다른 법이다.
흐뭇하다(heartwarming)	흐뭇한 미소	할머니는 손주들을 바라보며 흐뭇해 하셨다.

문형 연습하기

중요 어휘를 문형별로 공부해 보세요.

단어(기본형)	초급 -(으)니까	중급 -(으)ㄹ수록	고급 -(으)ㄹ 수 없다
전해지다	전해지니까	전해질수록	전해질 수 없다
예측하다	예측하니까	예측할수록	예측할 수 없다
어긋나다	어긋나니까	어긋날수록	어긋날 수 없다
차별하다	차별하니까	차별할수록	차별할 수 없다
피하다	피하니까	피할수록	피할 수 없다
허전하다	허전하니까	허전할수록	허전할 수 없다

공부한 날 _____월 _____일

DAY 11 테스트

본책에서 학습한 '여가와 대중문화'에 대한 어휘를 떠올리면서 문제를 풀어 보세요.

01 다음 문장의 빈칸에 적절한 단어를 알맞은 형태로 넣으십시오.

나들이	경치	흥행	홍보

① 주말에는 친구들과 한강으로 ( )을/를 가려고 해요.

② 관람객이 증가하면서 그 영화는 연일 ( ) 기록을 세우고 있어요.

③ 신제품을 ( )할 목적으로 시연회를 열 계획이에요.

④ 산과 강이 어우러져 ( ) 매우 아름다워요.

거닐다	넉넉하다	여유롭다	제작하다

⑤ 나들이를 가려고 간식을 ( ) 챙겼어요.

⑥ 급한 일을 끝내고 나니 마음이 ( ) 편안했어요.

⑦ 우리는 매일 저녁 식사를 한 후 아이 손을 잡고 공원을 ( ).

⑧ 감독은 환경 보호를 주제로 하는 애니메이션을 ( ) 계획이라고 밝혔어요.

02 다음 내용 중 알맞은 것을 고르십시오.

① 배낭을 (꾸리는 / 거니는) 솜씨가 정말 좋아요.

② 길을 잃을 수 있으니 꼭 (일행 / 일정)과 동행하도록 하세요.

③ (경치 / 경지)가 아름다워 혼자 보기가 아까울 정도예요.

④ 제주도는 국내뿐만 아니라 해외 관광객에도 (홍보 / 각광)받는 관광지예요.

03 다음 밑줄 친 단어의 반대말로 알맞은 것을 고르십시오.

① 이 공원에는 주차를 할 수 있는 공간이 부족해요. (넉넉하다 / 부실하다)

② 그 여행지는 산 가까이에 있어서 교통이 불편해요. (활동하다 / 편안하다)

③ 나는 가을이면 제주도에 가서 한 달씩 머물다가 오곤 했어요. (떠나다 / 돌아오다)

④ 오랜만의 휴일인데 노래를 들으며 무료하게 보냈어요. (재미있다 / 곤란하다)

정답

01 ① 나들이 ② 흥행 ③ 홍보 ④ 경치 ⑤ 넉넉하게 ⑥ 여유롭고 ⑦ 거닐었어요 ⑧ 제작할
02 ① 꾸리는 ② 일행 ③ 경치 ④ 각광
03 ① 넉넉하다 ② 편안하다 ③ 떠나다 ④ 재미있다

DAY 11 | 여가와 대중문화에 대한 어휘 살펴보기

어휘 알아보기

더 알아 두면 좋을 어휘들과 함께 학습하세요.

어휘	활용 표현	예문
각광(spotlight)	각광을 받다	K-pop이 전 세계적으로 각광받고 있다.
감상하다(appreciate)	미술 작품을 감상하다	오케스트라 공연을 보며 클래식을 감상했다.
거닐다(walk)	공원을 거닐다	주말에 야외를 거닐며 산책을 하다.
경치(view)	경치를 즐기다	이 산은 아름다운 경치를 자랑하는 곳이다.
꾸리다(pack)	짐을 꾸리다	여행을 가기 위해 짐을 꾸리기 시작했다.
나들이(picnic)	가을 나들이	친구들과 함께 산으로 나들이를 떠날 예정이다.
넉넉하다(enough)	시간이 넉넉하다	시간이 넉넉해서 일주일 동안 여행을 간다.
대중적인(popular)	대중적인 작품	톱스타가 출연한 드라마가 대중적인 인기를 끌고 있다.
머물다(stay)	숙소에 머물다	조용한 곳에 머물며 휴식을 누리고 싶다.
무료하다(boring)	주말이 무료하다	무료한 시간에 음악을 듣거나 책을 읽는다.
발행하다(issue)	신문을 발행하다	패션 잡지사가 새로운 잡지를 발행했다.
여유롭다(relaxed)	마음이 여유롭다	그녀는 오랜만의 휴식을 여유롭게 즐겼다.
연출하다(direct)	영화를 연출하다	감독의 연출하는 방향에 따라 영화의 흥행이 정해진다.
일행(party)	일행과 떠나다	일행이 많아서 머물 숙소를 찾기가 힘들었다.
제작하다(produce)	드라마를 제작하다	영화를 제작할 때는 많은 투자자가 필요하다.
출연하다(appear)	작품에 출연하다	그 배우는 유명 감독의 영화에 출연하기로 했다.
편안하다(comfortable)	숙소가 편안하다	편안하고 깊은 잠에 빠져 꿈을 꾸었다.
피서(summer vacation)	피서를 떠나다	피서를 다녀와서 피부가 검게 탔다.
흥행(big hit)	신작 흥행	새로 상영하는 액션영화가 흥행기록을 세웠다.
홍보(promotion)	홍보 효과	유명 연예인이 모델인 제품은 홍보 효과가 크다.

문형 연습하기

중요 어휘를 문형별로 공부해 보세요.

단어(기본형)	초급 -도록	중급 -ㄴ 다음에	고급 -고 있다
거닐다	거닐도록	거닌 다음에	거닐고 있다
꾸리다	꾸리도록	꾸린 다음에	꾸리고 있다
머물다	머물도록	머문 다음에	머물고 있다
발행하다	발행하도록	발행한 다음에	발행하고 있다
제작하다	제작하도록	제작한 다음에	제작하고 있다
출연하다	출연하도록	출연한 다음에	출연하고 있다

공부한 날 ______월 ______일

DAY 12 테스트

본책에서 학습한 '주거생활'에 대한 어휘를 떠올리면서 문제를 풀어 보세요.

01 다음 문장의 빈칸에 적절한 단어를 알맞은 형태로 넣으십시오.

선반	편식	의식주	주거비

① (   ) 위에 있는 꽃병이 깨질 수도 있으니 주의하세요.

② 성장기의 어린이는 (   )하지 말고 음식을 골고루 먹어야 해요.

③ (   )이/가 풍족해졌음에도 불구하고 여전히 범죄가 일어나요.

④ 서울에 살다보니 (   )이/가 부담이 될 때도 있어요.

남기다	먹음직스럽다	비좁다	빨아들이다

⑤ 언니는 동생을 위해서 초콜릿 한 개를 (   ).

⑥ 이 건물의 계단은 폭이 매우 (   ) 급히 내려갈 때 위험해요.

⑦ 이 청소기는 (   ) 힘이 아주 강력해서 맘에 드네요.

⑧ 샐러드에 넣은 빨간 방울토마토가 매우 싱싱해서 (   ) 보여요.

02 다음 내용 중 알맞은 것을 고르십시오.

① 비빔밥에는 다양한 (영양소 / 발효)가 들어 있어요.

② 국이 많이 식었으니 따뜻하게 (데워서 / 식혀서) 먹을까요?

③ 성장기에 (편식 / 과식)을 하면 영양소를 충분히 섭취할 수 없어요.

03 다음 밑줄 친 단어의 반대말로 알맞은 것을 고르십시오.

① 콜센터에 전화했는데 상담원이 바로 <u>연결되었어요</u>. (끊다 / 잇다)

② 이 유리병은 나중에 사용할 수도 있으니 <u>보관하는</u> 것이 좋겠어요. (사용하다 / 버리다)

③ 방에 있던 오래된 침대를 <u>없애고</u> 새로운 침대를 들여 놓았어요. (만들다 / 줄어들다)

④ 도로가 <u>비좁아</u> 연말 동안 도로 확장 공사를 할 예정이라고 해요. (넓다 / 익히다)

정답

01 ① 선반 ② 편식 ③ 의식주 ④ 주거비 ⑤ 남겼어요 ⑥ 비좁아 ⑦ 빨아들이는 ⑧ 먹음직스럽게
02 ① 영양소 ② 데워서 ③ 편식
03 ① 끊다 ② 버리다 ③ 만들다 ④ 넓다

어휘 알아보기

더 알아 두면 좋을 어휘들과 함께 학습하세요.

어휘	활용 표현	예문
가전제품(electronics)	가전제품의 사용	가전제품이 낡아서 새것으로 바꾸었다.
거주지(residence)	거주지 주소	거주지와 회사의 거리가 멀어졌다.
깎다(discount)	값을 깎다	시장에서 물건을 살 때 가끔 가격을 깎는다.
끊다(hang up)	전화를 끊다	전화를 끊고 친구를 만나러 영화관에 갔다.
남기다(to leave)	음식을 남기다	과식을 하기보다는 음식을 남기는 것이 낫다.
데우다(heat up)	찌개를 데우다	따뜻하게 데운 우유를 자기 전에 마신다.
먹음직스럽다(appetizing)	갈비가 먹음직스럽다	먹음직스러운 떡볶이를 만들어 봅시다.
빨아들이다(suck in)	먼지를 빨아들이다	뿌리는 수분과 영양분을 빨아들인다.
버리다(throw away)	찌꺼기를 버리다	산에 함부로 쓰레기를 버리면 안 된다.
보관하다(keep)	빵을 보관하다	반드시 뚜껑을 닫아서 보관해야 한다.
분리배출(garbage recycling)	쓰레기 분리배출	재활용을 위해 분리배출을 실시하다.
비좁다(cramped)	공간이 비좁다	물건을 정리하면 비좁았던 공간이 넓어진다.
세면도구(toiletries)	세면도구를 준비하다	여행할 때는 세면도구를 챙겨야 한다.
선반(shelf)	선반을 달다	선반 위에 책과 꽃병 등을 올려 두었다.
영양소(nutrient)	영양소를 섭취하다	당분은 에너지를 만들어 내는 영양소이다.
의식주(food, clothing, and shelter)	의식주 생활	의식주 생활이 점점 서구화되고 있다.
조절하다(control)	온도를 조절하다	키에 맞게 의자의 높이를 조절했다.
주거비(housing expenses)	주거비가 들다	물가가 올라 주거비가 갈수록 증가하고 있다.
편식(picky eating)	편식을 하다	편식이나 과식을 하는 것은 나쁜 습관이다.
푸짐하다(plentiful)	음식이 푸짐하다	오늘 저녁 밥상은 각종 음식들로 푸짐하다.

문형 연습하기

중요 어휘를 문형별로 공부해 보세요.

단어(기본형)	초급 -더라도	중급 -(으)ㄹ지라도	고급 -지 못하다
깎다	깎더라도	깎을지라도	깎지 못하다
남기다	남기더라도	남길지라도	남기지 못하다
버리다	버리더라도	버릴지라도	버리지 못하다
보관하다	보관하더라도	보관할지라도	보관하지 못하다
빨아들이다	빨아들이더라도	빨아들일지라도	빨아들이지 못하다
조절하다	조절하더라도	조절할지라도	조절하지 못하다

공부한 날 _____ 월 _____ 일

DAY 13 테스트

본책에서 학습한 '역사'에 대한 어휘를 떠올리면서 문제를 풀어 보세요.

01 다음 문장의 빈칸에 적절한 단어를 알맞은 형태로 넣으십시오.

기원전	번성	전쟁	후손

① 제사는 조상과 (   )을/를 연결하는 역할을 해요.
② 고대 올림픽이 시작된 것은 (   ) 8세기쯤이라고 해요.
③ 국경 지대에 사는 사람들은 늘 (   )의 공포에 시달려요.
④ 유적지의 유물들을 보니 한때 (   )했던 모습이 그려졌어요.

복원하다	분쟁하다	약탈하다	일으키다

⑤ 외부 침입자들이 귀중한 문화재를 많이 (   ) 갔어요.
⑥ 왕자는 왕권을 쟁취하기 위해서 혁명을 (   ).
⑦ 옛 건축물을 원형 그대로 (   ) 위하여 많은 노력을 기울였어요.
⑧ 국경 지역에서 두 나라가 오랫동안 (   ) 멸망하고 말았어요.

02 다음 내용 중 알맞은 것을 고르십시오.

① 이 김치는 할머니께서 (훼손하신 / 물려주신) 요리법으로 만들었어요.
② 전쟁으로 그 마을에 살던 사람들은 (번성 / 이주)을/를 결정하게 되었어요.
③ 부족 사이의 갈등으로 인해 전쟁이 (일어났어요 / 끝났어요).
④ 침략자들은 원주민의 터전을 (약탈해서 / 비판해서) 모든 것을 빼앗아 갔어요.

03 다음 밑줄 친 단어의 반대말로 알맞은 것을 고르십시오.

① 왕이 첫째 아들에게 왕위를 물려주는 것이 일반적이었어요. (물려받다 / 이어 주다)
② 그는 기존의 역사 서술을 비판하고 재정리할 것을 주장했어요. (지적하다 / 칭찬하다)
③ 정부는 훼손된 문화재를 복원하는 사업을 대대적으로 추진하기로 했어요. (해롭다 / 보존하다)

정답

01 ① 후손 ② 기원전 ③ 전쟁 ④ 번성 ⑤ 약탈해 ⑥ 일으켰어요 ⑦ 복원하기 ⑧ 분쟁할
02 ① 물려주신 ② 이주 ③ 일어났다 ④ 약탈해서
03 ① 물려받다 ② 칭찬하다 ③ 보존하다

DAY 13 | 역사에 대한 어휘 살펴보기

어휘 알아보기

더 알아 두면 좋을 어휘들과 함께 학습하세요.

어휘	활용 표현	예문
겪다(go through)	어려움을 겪다	수많은 전쟁을 겪은 뒤 원주민들이 떠났다.
기원전[B.C.(Before Christ)]	기원전 1세기	기원전 5세기에 만든 유물인 것으로 추정된다.
대대로(from generation to generation)	대대로 내려오다	대대로 물려받은 이 땅을 버릴 수는 없다.
물려받다(inherit)	유산을 물려받다	물려받은 유일한 유산이라서 줄 수 없다.
물려주다(pass on)	유품을 물려주다	왕이 자녀들에게 수많은 재산을 물려주었다.
발굴하다(excavate)	유적을 발굴하다	무덤 속 왕의 물건을 발굴하기 시작했다.
번성(prosperity)	문화 번성	그리스 로마 시대에 문화가 번성했다.
복원하다(restore)	문화재를 복원하다	훼손된 그림을 복원하여 본래의 색을 되찾았다.
분쟁하다(conflict)	두 나라가 분쟁하다	이곳은 두 나라가 국경을 두고 분쟁 중인 지역이다.
비판하다(criticize)	의견을 비판하다	그들은 국가 권력의 억압성을 비판하였다.
약탈하다(plunder)	식량을 약탈하다	가난하고 힘없는 농민들의 재물을 약탈하다.
왕위(throne)	왕위를 계승하다	다른 이의 왕위를 빼앗아 자신이 왕이 되었다.
원주민(native)	원주민과 싸우다	원주민의 문화를 지키며 살아가는 이들이 있다.
이주(migration)	이주의 역사	인종 차별을 경험한 이들은 다른 곳으로 이주했다.
일으키다(raise)	싸움을 일으키다	그들이 전쟁을 일으킨 것은 식량난 때문이었다.
전쟁(war)	영토 전쟁	수많은 사람이 전쟁에서 목숨을 잃었다.
중세(the Middle Ages)	중세 시대	중세 시대에 만들어진 무기를 박물관에서 전시한다.
초창기(beginning)	건국 초창기에	이 책은 조선 건국의 초창기에 있었던 일을 기록한 책이다.
후손(descendant)	후손을 위해	후손에게 물려주기 위해 보물을 소중히 간직하다.
훼손하다(damage)	유물을 훼손하다	문화재를 훼손하면 법에 따라 처벌을 받게 된다.

문형 연습하기

중요 어휘를 문형별로 공부해 보세요.

단어(기본형)	초급 -기 전에	중급 -ㄴ은/는 동시에	고급 -(으)ㄹ 만하다
물려주다	물려주기 전에	물려주는 동시에	물려줄 만하다
발굴하다	발굴하기 전에	발굴하는 동시에	발굴할 만하다
복원하다	복원하기 전에	복원하는 동시에	복원할 만하다
분쟁하다	분쟁하기 전에	분쟁하는 동시에	분쟁할 만하다
비판하다	비판하기 전에	비판하는 동시에	비판할 만하다
일으키다	일으키기 전에	일으키는 동시에	일으킬 만하다

DAY 14 테스트

본책에서 학습한 '사회 문제'에 대한 어휘를 떠올리면서 문제를 풀어 보세요.

01 다음 문장의 빈칸에 적절한 단어를 알맞은 형태로 넣으십시오.

공존 쟁점 찬반 추세

① 최근 저탄소 개발이 주요 (   )(으)로 떠오르고 있어요.
② 지역 재개발에 대한 거주자들의 (   ) 의견이 분분해요.
③ 매년 출산율이 급격하게 감소하는 (   )여서 정부의 관련 정책 도입이 시급해요.
④ 자연과 인간이 (   )할 수 있는 지속 가능한 발전을 도모해야 해요.

밝히다 부실하다 시사하다 잇따르다

⑤ 기초 공사가 (   ) 건물이 무너져 내렸어요.
⑥ 연이은 장마에 비 피해가 (   ) 있으니 안전에 유의하세요.
⑦ 그 사건은 대기업의 횡포를 세상에 알렸다는 점에서 (   ) 바가 커요.
⑧ 취업률이 점점 감소하는 원인을 (   ) 위하여 각계의 전문가들이 노력하고 있어요.

02 다음 내용 중 알맞은 것을 고르십시오.

① 경제 불황으로 중소기업들이 하나둘 (무너지고 / 넘어지고) 있어요.
② 소프트웨어의 불법 (복제 / 복구)로 인해 개발자들이 피해를 입었어요.
③ 최근 보도된 정치가의 뇌물 수수는 (부패 / 급변)을/를 상징하는 사건이 되었어요.
④ 토론 자리에서 다른 사람의 말을 (잇따르는 / 가로채는) 것은 옳지 않아요.

03 다음 밑줄 친 단어의 반대말로 알맞은 것을 고르십시오.

① 광화문은 조선 시대와 현대의 공존을 볼 수 있는 공간이에요. (공생 / 분리)
② 저소득층의 기초적 생활을 보장하는 정책의 마련이 시급해요. (느긋하다 / 부실하다)
③ 수해 지역 복구를 위해 군인과 봉사자들이 모여 청소를 시작했어요. (훼손 / 보존)
④ 연예인에 대한 대중 매체의 사생활 침해가 점점 심해지고 있어요. (급변 / 보호)

정답

01 ① 쟁점 ② 찬반 ③ 추세 ④ 공존 ⑤ 부실해서 ⑥ 잇따르고 ⑦ 시사하는 ⑧ 밝히기
02 ① 무너지고 ② 복제 ③ 부패 ④ 가로채는
03 ① 분리 ② 느긋하다 ③ 훼손 ④ 보호

DAY 14 | 사회 문제에 대한 어휘 살펴보기

어휘 알아보기

더 알아 두면 좋을 어휘들과 함께 학습하세요.

어휘	활용 표현	예문
가로채다(snatch)	순서를 가로채다	계약금을 중간에서 가로챈 혐의가 있다.
공존(symbiosis)	문화의 공존	두 나라의 문화가 한 사회에 공존하다.
급변(rapid change)	시장의 급변	새 정책으로 경제 구조에 급변이 일어났다.
무너지다(collapse)	건물이 무너지다	담이 무너져 근처의 자동차들이 부서졌다.
밝히다(disclose)	의견을 밝히다	지리학자들은 이번 지진의 원인을 밝혀냈다.
복구(restoration)	피해 복구	가뭄으로 피해를 입은 지역이 복구되었다.
복제(copy)	불법 복제	불법 복제에 대한 소송이 제기되고 있다.
부르짖다(shout; cry out)	정의를 부르짖다	환경 단체가 자연 보호를 부르짖었다.
부실하다(weak)	공사가 부실하다	아이들에게 제공되는 급식이 부실하다.
부패(corruption)	부패한 정치가	부패한 정부는 사람들에게 비판을 받는다.
시급하다(urgent)	개선이 시급하다	장마철에 대비해 상하수도의 정비가 시급하다.
시사하다(imply)	문제점을 시사하다	그 보도는 우리의 교육 현실을 시사하고 있다.
어수선하다(messy)	분위기가 어수선하다	여러 범죄들로 사회의 분위기가 어수선하다.
열악하다(poor)	환경이 열악하다	일부 노동자들의 노동 환경이 매우 열악하다.
잇따르다(come one after another)	비난이 잇따르다	잇따른 범죄 사건으로 순찰을 강화하였다.
쟁점(issue)	쟁점을 살펴보다	쟁점을 정확하게 파악한 후 발언을 하십시오.
찬반(yes or no)	찬반 투표	새로운 공항 건설에 대해 찬반 논란이 뜨겁다.
추세(trend)	증가 추세	비대면 강의가 점점 일반화되는 추세이다.
침수(flooding)	논밭의 침수	집중 호우로 인해 농작물이 침수되었다.
침해(invasion)	인권 침해	높은 건물이 가까우면 일조권이 침해를 받는다.

문형 연습하기

중요 어휘를 문형별로 공부해 보세요.

단어(기본형)	초급 -길래	중급 -(으)ㄹ 수 있다	고급 -기 마련이다
밝히다	밝히길래	밝힐 수 있다	밝히기 마련이다
무너지다	무너지길래	무너질 수 있다	무너지기 마련이다
시급하다	시급하길래	시급할 수 있다	시급하기 마련이다
시사하다	시사하길래	시사할 수 있다	시사하기 마련이다
열악하다	열악하길래	열악할 수 있다	열악하기 마련이다
잇따르다	잇따르길래	잇따를 수 있다	잇따르기 마련이다

memo

memo

memo